CURSO DE ESPAÑOL PARA NIÑOS
CUADERNO DE EJERCICIOS

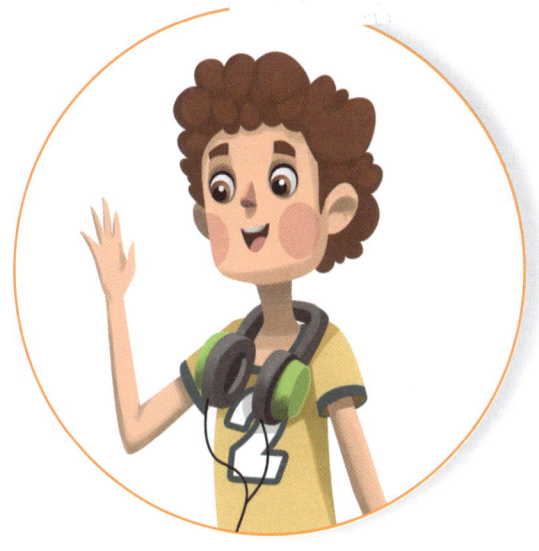

LOLA y LEO 2

MARCELA FRITZLER
FRANCISCO LARA
DAIANE REIS

difusión

Autores
Marcela Fritzler, Francisco Lara, Daiane Reis

Revisión pedagógica
Agustín Garmendia

Coordinación editorial y redacción
Clara Serfaty

Diseño y maquetación
La japonesa

Ilustraciones
Montse Casas (Ilustraciones Monsuros)
Excepto: Unidad 0: p. 9 banderas–mundo.es; p. 11 pixabay.com, vinylandart.com. **Unidad 2:** p. 22 reubenmorales.com. **Unidad 4** y glosario: p. 41 y p. 57 Elena Tumanova/Dreamstime.com. **Recortables:** p. 65 kristendukephotography.com.

Fotografías
Llorenç Conejo Vila (llorco.com)
Excepto: Unidad 1: p. 13 elparana.com, conceitonews.com.br, deportivochapultepec.com; p. 18 es.pinterest.com.
Unidad 3: p. 29 mahmutbaran/iStock, ronen/iStock, Ronstik|Dreamstime.com, andy0man/iStock, Yaruta/iStock; p. 31 NilsZ/Fotolia; p. 34 spanishrv.blogspot.com.es, thecreativesalad.com. **Unidad 4:** p. 41 Yurchyk|Dreamstime.com, Ron Sumners|Dreamstime.com, KariHoglund/iStock, Fotosonar|Dreamstime.com, youtube.com, Costasz|Dreamstime.com, Julián Rovagnati|Dreamstime.com, Bjørn Hovdal|Dreamstime.com, izquierdaunidaalmoradi.wordpress.com, arteinfantil.tripod.com. **Unidad 5:** p. 45 Anton Starikov/Dreamstime, Tanteckken/Dreamstime, Iakov Filimonov/Dreamstime, Alle/Dreamstime, pngimg.com; p. 48 loveat.es, Delphotostock/Fotolia, catedraecoembes.upm.es, biosano.es; p. 49 boroa.com, Egon Zitter/Dreamstime, coopsandcages.com.au, landandrivers.com, cynoclub/iStock, ksena32/iStock, GlobalP/iStock, JMichl/iStock, clasf.co.ve, Eriklam/iStock. **Unidad 6:** p. 53 jorgeluisnunez.blogspot.com, articulo.mercadolibre.com.ar, forotransportes.com, cruceroalegre.com, fondos.wallpaperstock.net, fondos.wallpaperstock.net, russianhelicopters.aero, motosnovas.com.br, taringa.net, biosphereflux.com, diario.latercera.com, barcosdeocasion.net, gonzoo.com, 8000vueltas.com, wibooprueba.com, Destino Alemania, Wikiwand, DUBAadiction–WordPress.com, polavide.es, mimemoria.net, viajejet.com, Peter_Horvath/iStock, slideshare.net, postcardstravelaroundtheglobe.blogspot.com.es, vasiliki/iStock.
Glosario: p. 57 Elena Tumanova/Dreamstime.com; p. 58 hdfondos.eu, taringa.net, Loshadenok/Dreamstime, Anton Starikov/Dreamstime, Iakov Filimonov/Dreamstime, pngimg.com, animalitostucupita.wordpress.com, Tanteckken/Dreamstime, Danil Chepko/Dreamstime.com, Alle/Dreamstime, www.pinterest.com, www.biosano.es, boroa.com, GlobalP/iStock, Somadlyinlove/Dreamstime.com, fisterrabicicleta.com, www.acs.org, Corepics Vof/Dreamstime, Valeriy Kirsanov/Dreamstime, quesosbenabarre.es, quenosvamos.com, www.motivar.com.ar, www.fotoswiki.net, Warren Photographic, gustos–personales.blogspot.com, consulmex.sre.gob.mx. **Recortables:** p. 85 loveat.es, Delphotostock/Fotolia, catedraecoembes.upm.es, Tanteckken/Dreamstime, pinterest.com, biosano.es, boroa.com.

Música
Joan Trilla Benedito

Cantantes
Silvia Dotti, Joan Trilla Benedito

Locuciones
Estudio Difusión (Barcelona).
Locutores: Silvia Dotti, Joan Trilla Benedito, Zafirah Sarhandi Rivas, Santiago Fernández Aragón, Juan Pablo Fernández Aragón, Elisa Fernández Aragón

Corrección
Silvia Jofresa

Agradecimientos
Alexandra Gimeno, Guillem Gimeno, Eva Martí, Arturo Gimeno, Susanne Höppner

difusión
Centro de Investigación y Publicaciones de Idiomas, S. L

C/ Trafalgar, 10, entlo. 1ª
08010 Barcelona - España
Tel.: (+34) 932 680 300
Fax: (+34) 933 103 340
editorial@difusion.com

www.difusion.com

© Los autores y Difusión, S. L. Barcelona, 2017
ISBN: 978-84-16347-72-8
Reimpresión: febrero 2025
Impreso en la UE

MIXTO
Papel | Apoyando la silvicultura responsable
FSC® C125125

BIENVENIDOS A LOLA Y LEO

LOLA y LEO es un manual de español para niños de entre 7 y 11 años que propone un método sencillo y divertido para aprender jugando y disfrutando.

El CUADERNO DE EJERCICIOS está pensado para retomar y consolidar los contenidos del Libro del alumno con actividades colaborativas e individuales, diseñadas para desarrollar la creatividad de los estudiantes y afianzar el aprendizaje.

Además de las siete unidades correspondientes al Libro del alumno, el CUADERNO DE EJERCICIOS propone **tres juegos** de repaso léxico y gramatical.

El CUADERNO DE EJERCICIOS incorpora un **glosario visual** concebido como espacio de trabajo, en el que los estudiantes podrán consultar el vocabulario más importante de cada unidad al mismo tiempo que trabajan las palabras en su propia lengua, y un apartado de **material recortable** para dinamizar las actividades que están marcadas con el icono de "recorta".

LOS ICONOS DE LOLA Y LEO

- Escucha
- Habla
- Repite
- Escribe
- Dibuja
- Recorta
- Relaciona
- Mira
- Juega
- Representa
- Canta
- Señala
- Lee
- Habla con tus compañeros

Lola y Leo 2 cuenta con contenidos digitales extra en

campus difusión

- las pistas de audio
- las letras de las canciones
- los apartados de gramática visual
- el material recortable
- los juegos del Cuaderno de ejercicios
- el glosario

ÍNDICE

Unidad 0 — 6
¡Qué sorpresa!

Unidad 1 — 12
El equipo del barrio

Unidad 2 — 19
El ropero de Leo

Juego — 26
Dominó de Lola y Leo

Unidad 3 — 28
La fiesta del colegio

Unidad 4 — 35
El barrio de Leo

Juego — 42
El rompecabezas de Lola y Leo

Unidad 5 — 44
¡Vamos a la granja!

Unidad 6 — 51
Vacaciones en México

Juego — 58
Desafío de tarjetas

Glosario — 60

Material recortable — 72

LOLA y LEO 2

MI FOTO

ME LLAMO

....

....

TENGO .... AÑOS

UNIDAD 0

¡Qué sorpresa!

1 A. Mira y escribe los nombres de estos objetos.

la cama

B. Lee, mira y completa con los colores.

1. La cama es   blanca   .
2. La piruleta es   .
3. La mochila es   .
4. La pelota es   .

5. El coche es
6. El libro es
7. El televisor es
8. El perro es

UNIDAD 0

2 Mira la imagen de la actividad 1 y contesta.

¿Quién escucha música?	Sara
¿Quiénes miran el mapa de México?	
¿Con quién habla Lola?	
¿Quién lee un libro?	
¿Quién come una manzana?	
¿Quién juega a los videojuegos?	
¿Quién maneja el coche?	

3 Lee y señala.

¡Hola! ¿Qué tal? ¡Felicidades, empezamos **Lola y Leo 2**! Ya sabes muchas cosas en español, ¿verdad? ¿Qué te gusta hacer en clase?

○ Jugar con mis compañeros
○ Cantar
○ Hablar con mis compañeros
○ Hacer manualidades
○ Escuchar los audios
○ Dibujar y colorear

4 Escucha, lee y completa.

hermano · mexicano · gato · prima · perro
guitarra · letras · tío · canción · española

Mexicano, mexicano
mi _____ Leo es.
Rancheras yo le canto.
A, B, C, D, E.

_____, es española
una niña como tú.
Lola se llama mi _____.
Ñ, O, P, Q.

Aprende con Leo y Lola
y usa todas las _____.
_____ y española.
X, Y, Z.

Y Jaleo, nuestro _____,
juega con su pelota.
Es marrón y muy bonito.
F, G, H, I, J.

Piñata es su _____
y siempre quiere comer.
Juega y juega todo el día.
R, S, T.

Y el _____ Calavera
siempre va y siempre viene.
La _____ toca y toca.
K, L, M, N.

Con guitarra, con maracas,
con tambor, el redoble.
Canta y baila esta _____.
U, V, W.

UNIDAD 0

5 Pinta tu nombre con los dedos. Después, lee y completa.

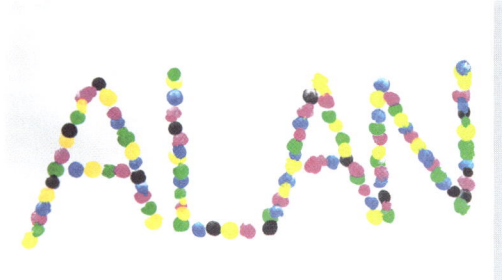

¿Cuántas letras tiene tu nombre?

¿Qué colores has usado?

6 Escucha y dibuja las bocas: ∪ (bien) ∩ (mal) — (regular).

1　　2　　3　　4

7 Lee y completa el diálogo.

- Hola, Abdel.
- ¿Y tú?
- ¡Tengo una novedad!
- ¿Cuál es?
- ¡Voy a México!
- ¡Quiero que me lo cuentes todo!
- ¡Sí! Mañana te lo cuento todo en la escuela.

¡Adiós!　¡Muy contenta!　¡Bien!
¿Qué tal?　¡Hasta mañana!　¡Qué bien!

UNIDAD 0

8 Lee y completa.

Me llamo Lola y tengo 8 años. Vivo en Sevilla con mi familia: mi _____ Rosa, mis _____ Curro y Pablo y mi _____ Pepe. Tengo una _____: mi perro Piñata.

hermanos
mascota
abuelo
mamá

Yo me llamo Leo. Vivo en México con mis _____ Lupe y Carlos, mi _____ Sara, mis _____ Chavela y Felipe y mi _____ Calavera. Mi _____ se llama Jaleo.

hermana
papás
gato
tío
abuelos

9 A. Escucha y señala la información sobre Luis.

Perú   México

B. Completa con la información sobre Luis.

Se llama Luis. Es de _____.
Tiene _____ años y su color favorito es el _____.
Luis tiene una mascota: _____.
Le gusta mucho tocar _____.
Los jueves Luis juega al _____.
Le gustan 👍 _____.

nueve 9

UNIDAD 0

10 Mira y señala los números.

~~diez~~   diecisiete   veintiocho   catorce   treinta
cinco   veintitrés   dieciséis   diecinueve   quince

11 Mira y completa la tabla.

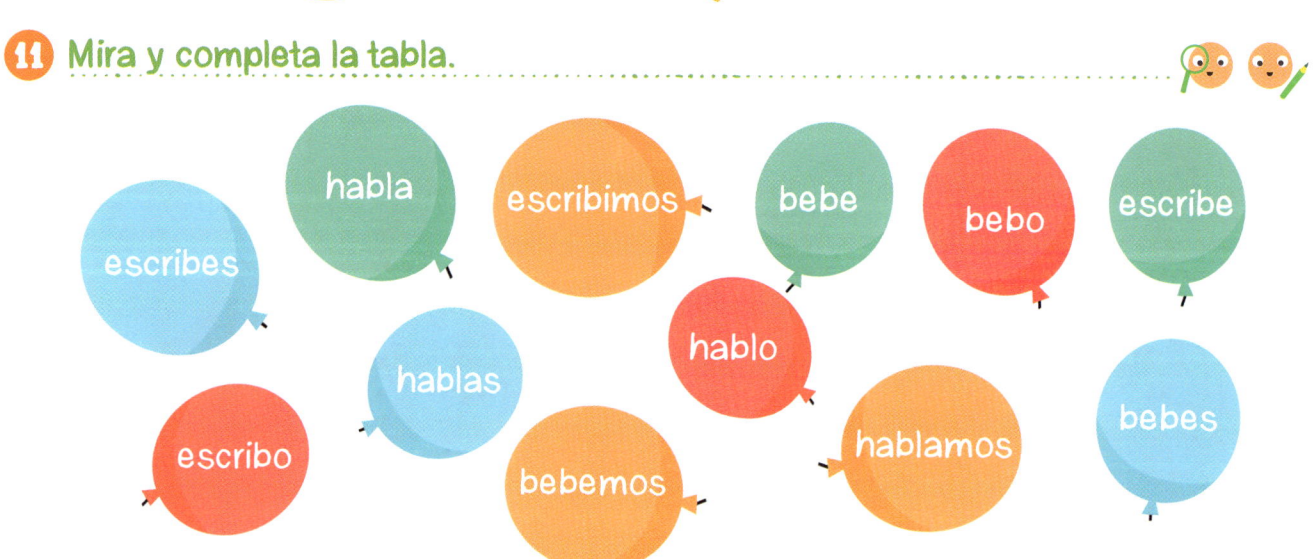

	HABLAR	BEBER	ESCRIBIR
yo			
tú			
él/ella			
nosotros/as			

12 ¡El bingo de la clase! Pregunta a tus compañeros y completa la tabla con sus nombres.

> Cuando un jugador tenga una línea completa, grita ¡LÍNEA! y gana un punto.
> Si un jugador logra completar toda la tabla, grita ¡BINGO! y gana el juego.
> Si nadie completa toda la tabla, gana el jugador que más líneas consiga hacer.

	línea A	línea B	línea C	línea D
línea 1	Tiene la misma edad que tú.	Tiene un hermano o una hermana.	Su nombre empieza por M.	Le gusta cantar.
línea 2	Tiene una mochila azul.	Sabe dibujar muy bien.	Le gustan los animales.	Le gustan los videojuegos.
línea 3	Tiene una bicicleta.	Le gusta la fruta.	Vive en un piso.	Su animal favorito es el perro.
línea 4	Tiene una mascota.	Su nombre empieza por A.	Le gusta el chocolate.	Sabe tocar un instrumento.

13 Mira las series de números y colores y complétalas.

1. El fantasma veintidós es   rojo .

   6 8 10 12 14 16 18 20 22

2. El fantasma ___ es ___.

   10 11 12 ___ 14 15 16 17 18

3. El fantasma ___ es ___.

   10 20 30 10 20 ___ 10 20

4. El fantasma ___ es ___.

   1 3 6 9 12 15 18 ___

once 11

UNIDAD 1
El equipo del barrio

1 Escribe los nombres de las partes del cuerpo.

(los dedos)

2 Lee y representa.

Mi cara

Un **ojo** se cierra y el otro se abre:
veo, no veo, veo, no veo…

Y los dos **parpadean**:
veo, no veo, veo, no veo…

La **boca** se abre y grita:
¡La, la, la, la, la, la, la!

La **lengua** toca la **nariz**:
¡achís, achís, achís!

La **cabeza** gira, gira…
y el **pelo** se pone así.

UNIDAD 1

3 Mira, lee y escribe el número del jugador en números y en letras.

	moreno/-a	castaño/-a	rubio/-a	pelirrojo/-a
Es...	4 (cuatro) 9 (nueve)			
	corto	largo	rizado	liso
Tiene el pelo...			4 (cuatro)	

4 **A.** Lee y describe a los jugadores.

Mi jugador favorito es Messi. Es argentino y juega muy bien.

¿Cómo es Messi?

Messi es castaño, tiene...

¡El mío también! Y mi jugadora favorita es Marta. Es brasileña.

¿Cómo es Marta?

B. ¿Tienes un/una deportista favorito/a? Pega su foto y descríbelo/a.

trece 13

UNIDAD 1

5 Escucha y completa las frases.

Mira esa chica: ¡**tiene** las _____ muy largas!

¿La número 9? Sí, y mira el portero: ¡**tiene** las _____ muy grandes! ¡Seguro que **es** muy bueno!

No sé... Arancha **tiene** las _____ pequeñas, pero **es** buenísima.

¡Es verdad! Y **es** _____ y salta mucho. Como Lola, que **es** bajita, pero mete muchos goles de _____.

6 Recorta y juega con tus compañeros. Después, haz fotos.

¡**Tengo** bigote!

Y yo **tengo** la boca grande y **llevo** gafas.

7 Mide a tus compañeros y contesta.

A ver... 1,25: un **metro** y veinticinco **centímetros**.

1. ¿Quién es el estudiante más **alto** de la clase?

2. ¿Hay estudiantes que miden lo mismo?
   ( ) Sí.   ( ) No.

3. ¿Quiénes son?

4. ¿Quién tiene el pelo más **largo** de la clase?

5. ¿Quién tiene las manos más **pequeñas**?

 Consulta los números en el Glosario.

UNIDAD 1

8 Escribe y después compara con tu compañero.

1.A: La niña utiliza las manos para jugar.
1.B: ___
2.A: ___
2.B: ___
3.A: ___
3.B: ___

¿1.A?

En 1.A la niña utiliza las manos para jugar.

9 Lee, escribe en tu cuaderno y pregunta a tus compañeros.

Hola, soy un genio mágico y hoy tengo para ti un superpoder: puedes cambiar una parte de tu cuerpo. ¿Qué quieres cambiar?

¡Quiero tener cuatro brazos para hacer muchas cosas! ¿Y tú?

10 Escucha la canción y crea una coreografía con tus compañeros.

REGLAS DEL JUEGO
- Tocar las partes del cuerpo que nombra la canción.
- Cantar la canción.
- Hacer pasos originales.
- Incluir, como mínimo, un elemento (una pelota, unos globos…).

Me gusta mi cuerpo.

Tiene una cabeza para soñar…

UNIDAD 1

11 Completa la tabla con los siguientes verbos. Después, escribe los que faltan.

llevan   tengo   eres   tienen   somos   lleváis   sois   tiene   lleva

	SER	TENER	LLEVAR
yo			
tú			
él/ella			
nosotros/as			
vosotros/as			
ellos/ellas			

12 Lee, completa, recorta y pega los retratos en su lugar.

Yo _____ (tener) el pelo largo y tú lo _____ (tener) corto.

Mi hija y yo _____ (tener) los ojos negros, pero yo _____ (llevar) gafas y ella no.

Mis hermanos _____ (tener) el pelo corto y liso.

Yo _____ (tener) el pelo rizado y corto, y vosotras _____ (tener) el pelo largo y liso.

Mi abuelo _____ (llevar) coleta y mi abuela _____ (tener) el pelo corto.

El tío Calavera y Jaleo _____ (llevar) bigote.

UNIDAD 1

13 Lee, relaciona y completa.

1. Lola tiene el pelo   largo   y liso .
2. Arancha tiene   oj   verd   y es rubi   .
3. Este jugador tiene   braz   muy larg   y es moren   .
4. Min tiene   oj   pequeñ   y negr   .
5. La entrenadora tiene   pel   cort   y rizad   .
6. Carlos es castañ   y lleva   barb   cort   .
7. Miguel lleva un   gaf   muy bonit   .

14 **A. Lee, mira y dibuja (desde tu punto de vista).**

1. Dibuja unas gafas en el jugador que está a la derecha de Gerardo.
2. Dibuja un bigote en el jugador que está a la izquierda de Gerardo.
3. Dibuja una pelota a los pies del jugador que está a la derecha de Gerardo.
4. Dibuja un globo en la mano derecha de Gerardo.
5. Dibuja una piruleta en la mano izquierda de Gerardo.

Gerardo

B. Lee y completa (desde tu punto de vista): derecha o izquierda.

1. El jugador número 5 está a la _____ de Gerardo.
2. El jugador número 7 está a la _____ de Gerardo.
3. Gerardo está a la _____ del jugador número 7.

UNIDAD 1

15 Escucha, mira y escribe las palabras en el cuadro correcto.

ge, gi

Gerardo

ga, go, gu, gue, gui

Gustavo

16 Escucha, mira y relaciona.

El 2 de noviembre celebramos en México el Día de Muertos.

las flores	la comida
la sal	la foto
las calaveras de azúcar	agua

UNIDAD 2
El ropero de Leo

1 Escribe los nombres de la ropa.

la falda

2 Mira, lee y marca verdadero (V) o falso (F). Después, escribe la frase correcta.

 (F) una playera blanca
una playera amarilla

 ( ) una camisa azul

 (V) unos shorts rojos

 ( ) un abrigo marrón

 ( ) un jersey azul

 ( ) unas sandalias rojas

 ( ) unos pantalones blancos

 ( ) una bufanda verde

 ( ) unas botas amarillas

 ( ) un vestido azul

 ( ) unos shorts azules

 ( ) una falda naranja

diecinueve 19

UNIDAD 2

3. Lee, mira y contesta a las preguntas.

1. ¿Qué lleva Carlos?
   Lleva una camisa verde.
2. ¿Qué tiene en las manos?
   Tiene un jersey verde.

1. ¿Qué lleva Lupe?
2. ¿Qué tiene en la mano?

1. ¿Qué lleva Leo?
2. ¿Qué tiene en las manos?

4. Mira las imágenes y escribe una frase con gusta o gustan. Después, escucha y comprueba.

1. A Sara no le gusta el vestido azul y amarillo.

2. (Chavela)

3. (Felipe)

4. (tío Calavera)

5. (Lupe)

5 Pega una foto o dibuja una prenda que te guste y escribe por qué.

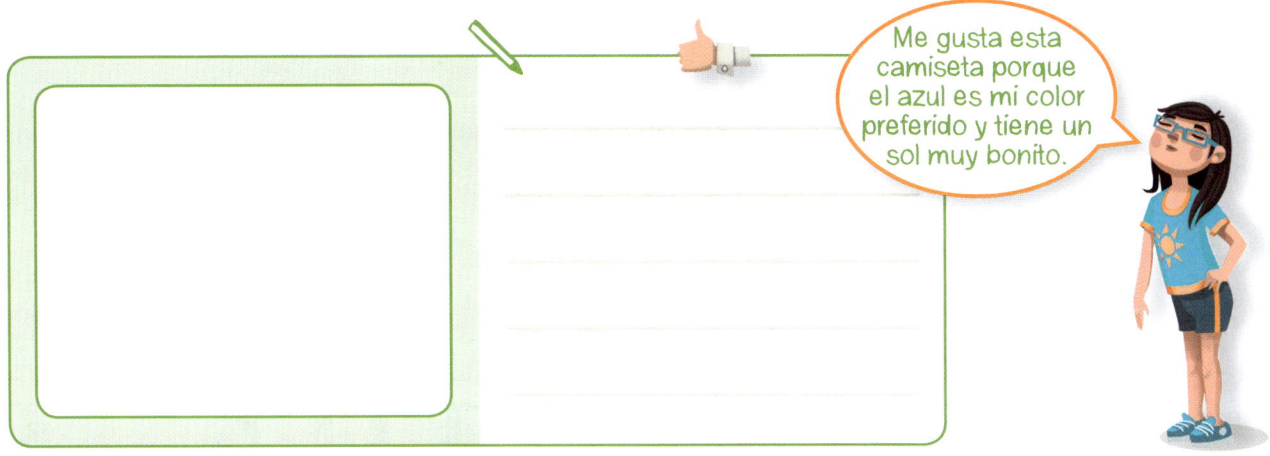

6 Lee y busca en el Libro del alumno entre las páginas 16 y 33. Compara con tu compañero.

Si lo encuentras, escribe la página y marca la carita feliz. Si no, marca la carita triste y pide ayuda a tu compañero.

¿Dónde hay…?	página	😃	🙁
una mochila marrón			
unas botas amarillas			
una camiseta lila con el número 7			
unas gafas verdes y pequeñas			
un vestido rosa			
una bufanda roja			
unos guantes azules			
un abrigo naranja			
unos pantalones negros			
una camisa blanca			

7 Mira y relaciona.

el sol

la nieve

las nubes

el viento

la lluvia

UNIDAD 2

8 Mira y escribe qué tiempo hace.

9 Lee y dibuja en las ventanas un paisaje según la descripción.

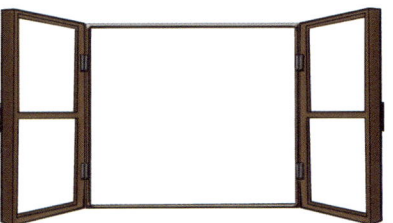   

Hoy hay nubes grises y mucha nieve. ¡Qué frío!

Hace sol y calor, ¡me encanta la primavera!

Estamos en otoño, por eso llueve mucho y hace viento.

10 Lee, relaciona y escribe el nombre de cada prenda u objeto.

1. Se lleva en la cabeza cuando nieva y hace mucho frío.
2. Los usamos para hacer deporte, jugar en el parque, saltar y correr...
3. Las llevas en los pies si hace calor, en especial si vas a la piscina o a la playa.
4. Se lleva en la mano y es muy importante cuando llueve.

  unos tenis

11 Lee y dibuja en tu cuaderno qué ropa llevan. Después, escribe el nombre de cada prenda.

 Leo va al colegio. Llueve y hace mucho frío porque es invierno.

 Es verano y Lola juega al fútbol con el equipo del barrio.

 Curro toca la guitarra en la fiesta de su colegio. Es otoño.

 Es primavera y Sara va a la fiesta de cumpleaños de su amiga.

12 Mira y escribe cuántas prendas hay.

Hay:
_____ gorros
_____ vestidos
_____ gafas
_____ bufandas
_____ shorts

13 Mira las imágenes, escribe frases con queda o quedan y completa con una palabra del recuadro.

grande/s
pequeño/s
pequeña/s

 →  →

Las botas negras y amarillas de Leo le quedan pequeñas a Felipe.

 →  →

El _____ de Lupe le _____ a Sara.

 →  →

Los _____ de Carlos le _____ a Leo.

 →  →

Los _____ de Sara le _____ a Chavela.

UNIDAD 2

16 Crea tu póster de las estaciones del año.

Dibuja, busca imágenes y escribe las palabras que te gustan para hablar de las estaciones del año. Después, presenta tu póster a tus compañeros.

17 Marca las palabras que escuches. Después, colorea la letra que se repite en todas. ¿Cuál es?

La letra ___.

playera   botas   playa
ropero   jersey
abrigo   vestido   camiseta
   pantalones
yoyó   ropa
   payaso   rayo

18 Mira, colorea los objetos y completa las frases.

Doña Pito Piturra tiene:
una muñeca azul

DOMINÓ DE LOLA Y LEO

Lola tiene...

...usamos paraguas.

...me quedan grandes.

...lleva barba y bigote.

La camiseta...

REGLAS DEL JUEGO

Recorta las fichas y juega.

Reglas para 1 jugador
- Completa el tablero usando todas las fichas.

Reglas para 2 jugadores
- Se reparten 12 fichas para cada jugador.
- Por turnos, cada jugador coloca una ficha. Si no puede, pasa el turno a su compañero.
- Gana el primer jugador que se quede sin fichas.

UNIDAD 3
La fiesta del colegio

1 Relaciona los números con los verbos.

① Representar el baile del dragón chino.

② Hacer fotos.

③ Jugar a los aros.

④ Bailar.

⑤ Beber limonada.

⑥ Tocar la guitarra.

⑦ Hacer teatro con las marionetas.

⑧ Comer tarta de chocolate.

⑨ Hablar con amigos.

⑩ Repartir las tartas del concurso.

UNIDAD 3

2 ¿Qué hora es? Lee y dibuja las manecillas del reloj (➡ , ➡).

Son las **diez** menos **veinte**.   Son las **siete** y **media**.

Son las **cuatro** y **diez**.   Son las **once** menos **cuarto**.   Es la **una** y **veinticinco**.   Son las **doce** menos **cinco**.

3 Mira y escribe. ¿Qué hora es?

4 ¿A qué hora es? Escucha y marca las horas con tus brazos.

El teatro de marionetas es **a** las cuatro menos diez.

UNIDAD 3

5 ¿Qué hace Martín el lunes? Recorta y completa los cuadros.

1. Va al colegio.
2. Hace los deberes.
3. Ve la tele antes de cenar.
4. Juega al baloncesto con sus amigos.
5. Cena con su familia.
6. Desayuna en casa.

6 Ordena y escribe las acciones de la actividad 5 según el momento del día.

 por la mañana

 por la tarde

 por la noche

7 Min y sus amigos están jug**ando** a los aros y están aprend**iendo** los verbos en español. Lee los verbos y escríbelos en el aro azul o rojo según corresponda.

jugando   comiendo   haciendo   cantando   escribiendo
hablando   tocando   bebiendo   repartiendo

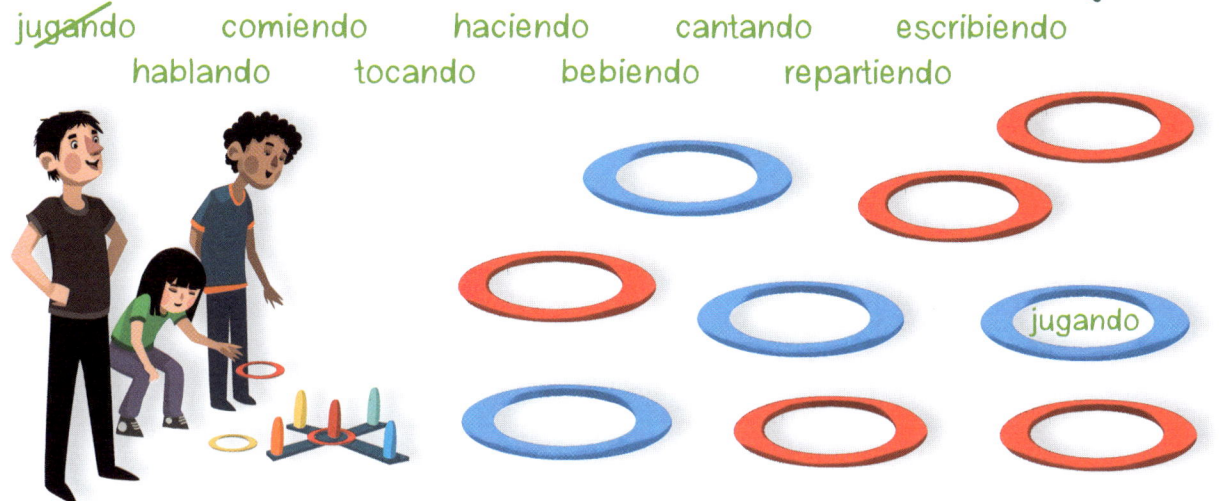

8 Mira las fotos que hizo Curro en la fiesta del colegio y escribe qué están haciendo estas personas.

1. _____   5. _____
2. _____   6. _____
3. _____   7. _____
4. _____   8. _____

9 Escribe con tu compañero una nueva canción del robot. Después, cread una coreografía y representadla en clase.

Soy un robot y me gusta bailar,
y en mi planeta me muevo sin parar.
¿Qué haces tú?
Yo no lo sé.
Si todos cantamos,
me tengo que mover.

Estoy _____ ...**ando** ...**ando**.
Estoy _____ ...**iendo** ...**iendo**.
Estoy _____ en el salón.
Estoy _____ y
aprend**iendo** esta canción.

UNIDAD 3

10 Completa con los verbos del cuadro y la preposición **a**.

voy   vamos   van   va   vas   **a**

a + el = al

— Hola, Curro. ¿_____ dónde _____?
— Hola. _____ _____ la clase de Lola. Quiero hacer fotos.

— Miguel, ¿tus padres _____ Ecuador todos los años?
— Sí. Mis abuelos viven en Quito.

— Hola, Min. Piñata y yo _____ (el) parque. ¿Vienes con nosotros?
— Sí. ¡Qué bien!

— ¿_____ dónde _____ tu hermana?
— _____ la fiesta del colegio.

11 ¿A dónde voy? Juega con tus compañeros.

¿A dónde voy?

Vas **a**l concierto de música.

REGLAS DEL JUEGO

- Jugamos en parejas.
- Por turnos, el jugador 1 representa con mímica una acción relacionada con un lugar y pregunta al jugador 2: **¿A dónde voy?**
- El jugador 2 responde: **Vas a...**
- Cada respuesta correcta es un punto. Gana el jugador que primero consiga 5 puntos.

| Jugador 1 | | | | | |
| Jugador 2 | | | | | |

32 treinta y dos

UNIDAD 3

12 Completa este sudoku con el verbo hacer.

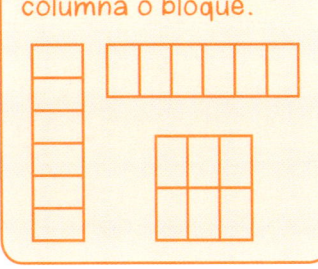

REGLAS DEL JUEGO

Hay que completar las casillas vacías con las seis formas del verbo **hacer** sin que se repita ninguna por fila, columna o bloque.

			hace		hago	
hacéis	hacen		hace	haces	
	hacéis	hacemos	haces		hace
haces		hacen	hacemos	hacéis	
	hago	haces		hacemos	hacéis
	hacemos		hago		

13 Busca y colorea las formas del verbo estar.

lolayleoestoyfiestaestáscolegioestápiñatalimonadaestamosdragónestáisguitarraestánmarionetas

14 Mira, lee y escribe los verbos en la tabla.

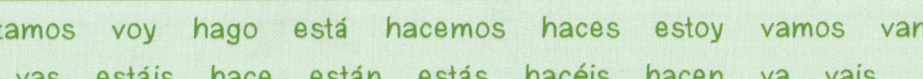

estamos   voy   hago   está   hacemos   haces   estoy   vamos   van
vas   estáis   hace   están   estás   hacéis   hacen   va   vais

	HACER	ESTAR	IR
yo			
tú			
él/ella			
nosotros/as			
vosotros/as			
ellos/ellas			

treinta y tres 33

UNIDAD 3

15 Busca en el cuadro palabras con c y escríbelas dentro de la letra.

bicicleta

16 ¿Qué sabes del amigo de Lola? Responde a las preguntas.

Puedes consultar la página 45 del Libro del alumno.

¿Cómo te llamas?
¿De dónde eres?
¿Cuál es la capital de Ecuador?
¿De qué color es la bandera de tu país?
¿Qué lengua se habla en Ecuador?

17 Dibuja la bandera de un país (el tuyo u otro) y escribe cuál es la capital, qué lengua se habla, etc. Pega también fotos de monumentos, animales típicos…

Decoramos la clase con todas las banderas.

UNIDAD 4
El barrio de Leo

1 Escribe los nombres que faltan. Después, lee y responde.

(la plaza)

¿Dónde...	puedes comprar unos camotes?
	En una tienda de dulces.
	puedes comer una pizza?
	puedes ver una película?
	puedes jugar con tus amigos?
	puedes comprar juguetes?
	puedes comer una hamburguesa?

treinta y cinco 35

UNIDAD 4

2 Recorta y juega con tu compañero. ¿Qué falta en la mesa?

REGLAS DEL JUEGO
- Recorta las imágenes.
- Colócalas en la mesa.
- Quita una imagen mientras tu compañero cierra los ojos.
- Pregúntale: **¿Qué falta?**

3 Mira la imagen y escribe un texto en tu cuaderno.

4 Mira la imagen del barrio de Lola y marca la respuesta correcta.

a. Rosa está **al lado del** / **detrás del** cartero.

b. La mesa está **fuera de** / **dentro de** la heladería.

c. Lola está **cerca de** / **lejos de** su abuelo.

d. El perro está **detrás de** / **delante de** Pablo.

e. Los gatos están **encima de** / **debajo de** la casa.

5 Relaciona.

yo	podemos
tú	podéis
él/ella	puedes
nosotros/as	pueden
vosotros/as	puedo
ellos/ellas	puede

6 Lee las frases y completa con puedo o no puedo.

a. **No puedo** cruzar la calle cuando el semáforo está en rojo.
b. _____ hablar por teléfono en la clase.
c. _____ comprar camisetas y pantalones en una tienda de ropa.
d. _____ tirar papeles en el parque.
e. _____ cruzar la calle por el paso de cebra.

7 Completa las frases con el verbo poder y relaciona.

1. Gustavo no ____**puede**____ ir a la piscina porque está jugando al fútbol.
2. Lola, Min, ¡vosotras también _____ jugar con Abdel a los aros!
3. Marta, ¿(tú) _____ hacer más fotos de tu barrio?
4. Abdel no _____ dormir.
5. Tomás y Nina _____ jugar al baloncesto juntos.
6. Yo ahora no _____ ir al parque porque estoy haciendo los deberes.
7. Mamá, ¿nosotros también _____ comer más tarta?

UNIDAD 4

8 Escucha y señala verdadero (V) o falso (F).

	V	F
A Sara no le gusta su barrio.		
Sara puede jugar con los amigos en la plaza.		
Sara puede correr en el supermercado.		
A Leo no le gusta la tienda de juguetes.		
Si llueve, los domingos van al cine.		
Hay una pizzería y una tienda de dulces cerca de la plaza.		

9 Mira la imagen del barrio de Leo y busca los números. Escríbelos en orden de menor a mayor y, después, léelos.

10 Lee y escribe los números.

1. La hamburguesería está en la cuarenta y tres .
2. Los números de la matrícula del taxi son    y   .
3. La casa azul está en el número   .
4. Hay dos señales de tráfico para los coches: una de y otra de    .
5. La pizzería está en el número 39   .

11 Recorta, mira los colores del semáforo y canta la canción.

REGLAS DEL JUEGO
- Formamos dos grupos.
- Recortamos los colores del semáforo.
- Un grupo es el semáforo y el otro canta la canción como indican las luces del semáforo. Después, los equipos intercambian los roles.

→ No podéis cantar.
→ Podéis cantar, pero bajito.
→ Podéis cantar muy alto.

Me gusta pasear
y por el barrio caminar,
y ver tantas cosas
en este lugar.

¡Cuántas calles!
Y hay mucha gente.
También hay tiendas para comprar.
Con mis amigos puedo jugar.

Y el verde nos va a indicar
que ya podemos cruzar.
Me gusta pasear
y por el barrio caminar.

UNIDAD 4

12 Mira la imagen de las páginas 46 y 47 del Libro del alumno, lee estas frases y responde verdadero (V) o falso (F). Después, escribe correctamente las frases falsas en tu cuaderno.

- (V) El hospital está al lado del supermercado.
- (   ) Sara, Leo y Felipe están delante del cine.
- (   ) El semáforo está lejos del paso de cebra.
- (   ) La pizzería está al lado del cine.
- (   ) Los contenedores de basura están en la plaza.
- (   ) El restaurante está delante del supermercado.

13 Recorta, lee y pega las imágenes en su lugar, como en el ejemplo.

- Los contenedores están al lado del parque.
- El centro comercial está delante del parque.
- El supermercado está a la derecha del parque.
- El colegio está detrás del parque.
- La pizzería está lejos del parque, a la derecha del colegio.
- La hamburguesería está a la izquierda del parque.

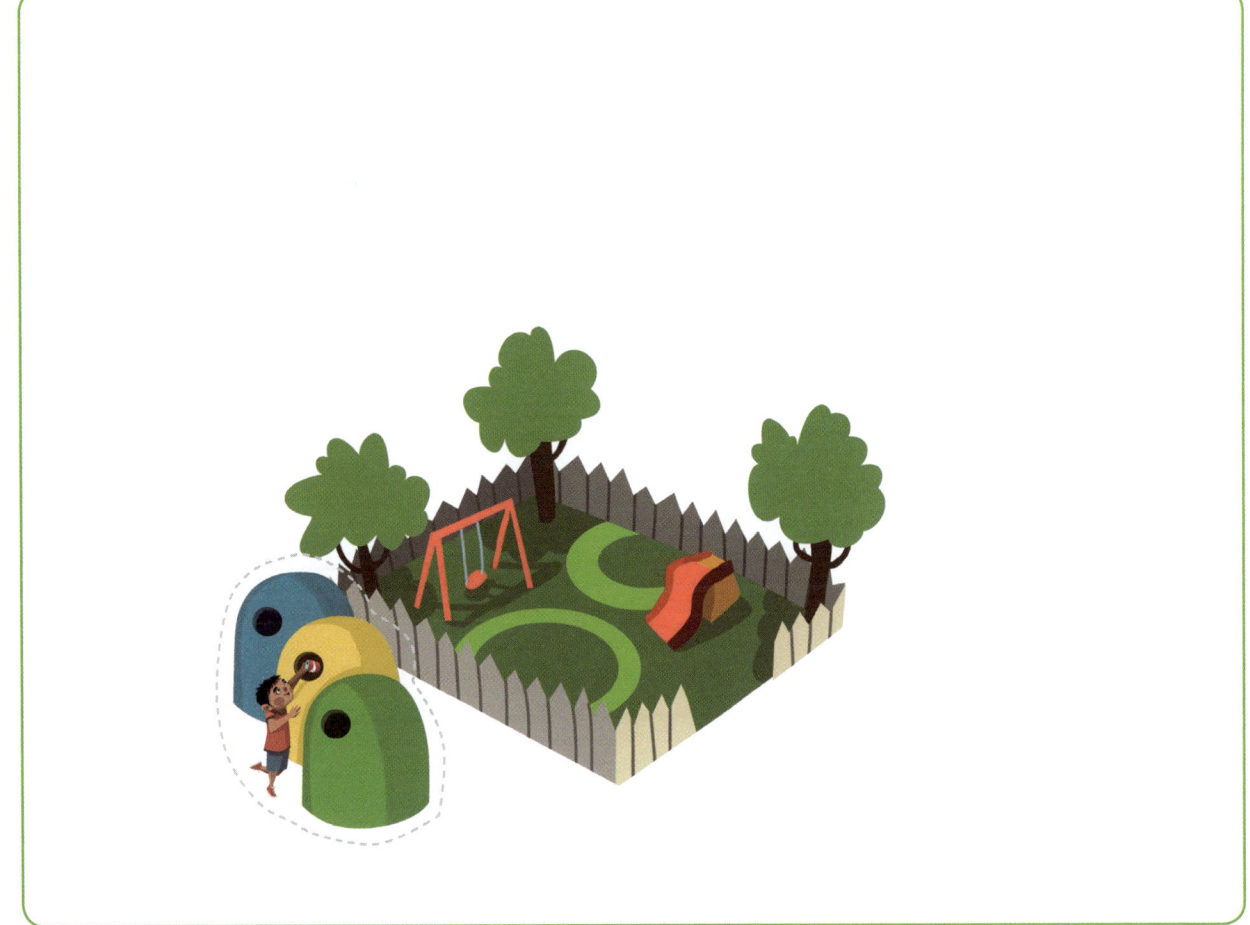

treinta y nueve 39

UNIDAD 4

14 Lee y adivina qué letra es.

Digo helado y no se escucha.
Tampoco en hijo ni en hermano.
La escribo pero no suena
porque siempre está callada.

Es la letra

15 Escribe. Después, escucha y marca las palabras que dicen.

el paso de cebra

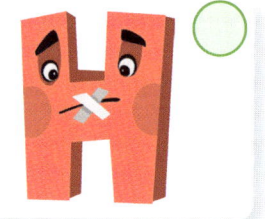

el padre

UNIDAD 4

16 Mira, lee y relaciona.

 5
una lata

una caja de cartón

un bote de cristal

un ordenador

unas cáscaras de huevo

una botella de plástico

las sobras de comida

unos periódicos viejos

1. electrónico   2. orgánico   3. vidrio   4. papel   5. metal y plástico

17 Haz tu libro de reciclaje y preséntaselo a tus compañeros.

1. Haz una foto de un lugar en tu barrio donde hay basura.
2. Pega la foto en tu libro de reciclaje y describe el lugar.
3. Dibuja el lugar sin basura.

En la plaza del barrio hay basura: vidrios, plásticos, papeles…

Mi plaza preferida

cuarenta y uno 41

EL ROMPECABEZAS DE LOLA Y LEO

REGLAS DEL JUEGO

FASE 1: juego con mi compañero

- En parejas, recortamos las piezas del rompecabezas y las montamos en el libro.
- Después, recortamos las tarjetas de colores, las colocamos boca abajo encima de la mesa y tiramos un dado para determinar los turnos. El jugador 1 será el que saque el número más alto.
- El jugador 1 coge una tarjeta, lee el número y el jugador 2 lo busca en el rompecabezas.
- El jugador 1 lee la tarjeta a su compañero. Si el jugador 2 responde correctamente, escribe su nombre en la tabla de puntos correspondiente al número de la pregunta. Si responde mal, escribe el nombre del jugador 1.
- En cada turno se intercambian los roles hasta que se terminen las tarjetas.
- Gana el jugador que sume más puntos (cada nombre vale un punto).

FASE 2: jugamos con otro equipo

- En las mismas parejas, recortamos las tarjetas en blanco y escribimos cuatro preguntas sobre la unidad 0 ¡Qué sorpresa! (páginas 8 y 9 del Libro del alumno).
- Por turnos, preguntamos al otro equipo y respondemos a sus preguntas. Cada pregunta correcta es un punto.
- Gana el equipo que consiga más puntos.

Fase 1

1	2	3	4	5
6	7	8	9	10
11	12	13	14	15
16	17	18	19	20

Total de puntos: jugador 1 ◯ jugador 2 ◯

Fase 2

21	21
22	22
23	23
24	24

mi equipo ◯   el otro equipo ◯

El equipo del barrio

El ropero de Leo

La fiesta del colegio

El barrio de Leo

UNIDAD 5

¡Vamos a la granja!

1 Escribe los nombres de los animales de la granja.

la vaca

2 A. Escribe cuatro preguntas sobre la granja.

| ¿Dónde están...? | ¿Qué es...? |
| ¿Qué hacen...? | ¿Cuántas...? | ¿Cuántos...? |

1. ¿Dónde están los patos?
2.
3.
4.
5.

B. Ahora pregunta a tus compañeros.

UNIDAD 5

3 Señala y juega con tu compañero.

¿Cómo se llama esto?

La cola. ¿Y esto?

4 Escucha las descripciones y marca.

1
○ vaca
○ caballo
○ burro
○ gallo
○ oveja
○ cabra
○ pato
○ abeja
○ gallina

2
○ vaca
○ caballo
○ burro
○ gallo
○ oveja
○ cabra
○ pato
○ abeja
○ gallina

3
○ vaca
○ caballo
○ burro
○ gallo
○ oveja
○ cabra
○ pato
○ abeja
○ gallina

4
○ vaca
○ caballo
○ burro
○ gallo
○ oveja
○ cabra
○ pato
○ abeja
○ gallina

5
○ vaca
○ caballo
○ burro
○ gallo
○ oveja
○ cabra
○ pato
○ abeja
○ gallina

¡La vaca!

cuarenta y cinco 45

UNIDAD 5

5 Crea un libro de adivinanzas y juega con tu compañero: ¿Qué es?

MATERIAL
- cartulina
- tijeras
- rotuladores
- pegamento
- imágenes de los animales de la granja
- pósits

6 Lee y completa.

Voy **a** escribir a Leo para contarle la visita de mañana a la granja.

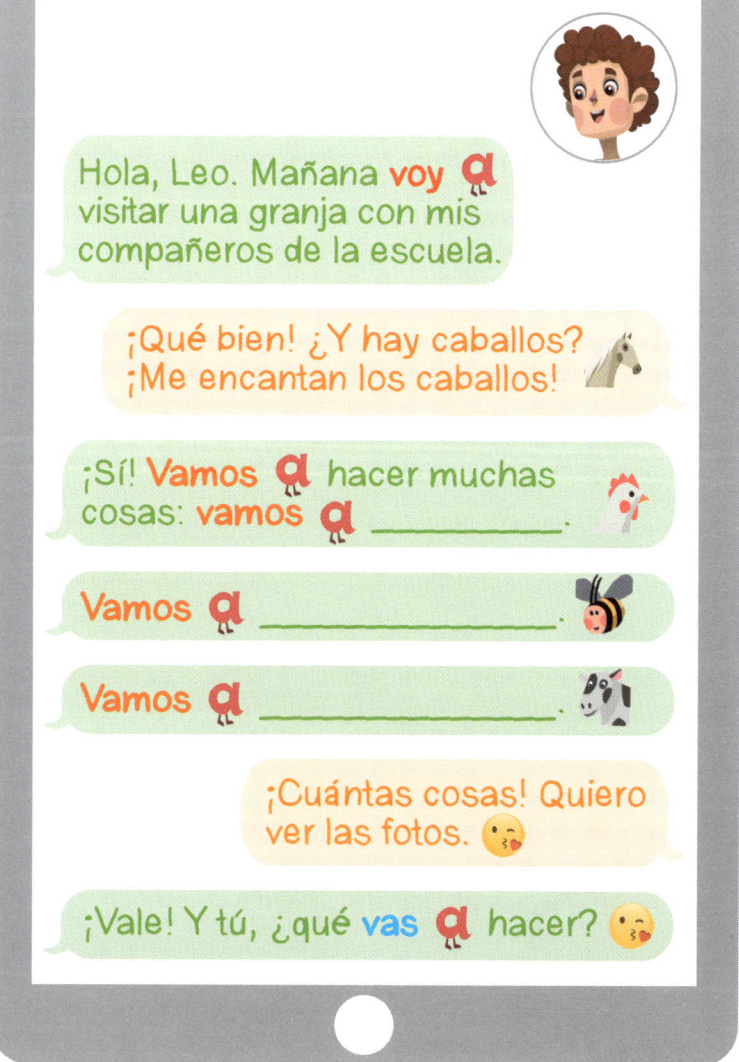

Hola, Leo. Mañana **voy a** visitar una granja con mis compañeros de la escuela.

¡Qué bien! ¿Y hay caballos? ¡Me encantan los caballos!

¡Sí! **Vamos a** hacer muchas cosas: **vamos a** _____.

Vamos a _____.

Vamos a _____.

¡Cuántas cosas! Quiero ver las fotos.

¡Vale! Y tú, ¿qué **vas a** hacer?

7 Mira y escribe.

Y ellos, ¿qué van a hacer?

Rubén   Lina   Simón   Raúl y Laura

Ángela   Hugo   Rita y Elio   Miguel

8 A. Elige un verbo del cuadro, escribe sus seis formas en la página 87 y recorta las tarjetas.

> ir
> dar
> recoger
> limpiar

yo   recojo

B. Juega con tus compañeros: memoriza y encuentra "el hermano gemelo".

REGLAS DEL JUEGO

- Jugamos en parejas.
- Juntamos las 12 tarjetas de cada jugador y las colocamos sobre una mesa boca abajo.
- Por turnos, un jugador levanta dos tarjetas. Si coinciden (pronombre + verbo), se las queda y levanta dos tarjetas más de nuevo. Si no, pasa el turno al otro jugador.
- Gana el jugador que consiga formar más parejas correctamente.

Yo empiezo: "Yo" y "recoges". ¡No!

¡Bien!

Ahora yo: "Yo" y "recojo".

UNIDAD 5

9 Lee y contesta.

UN DÍA EN LA GRANJA

Todos los martes de 11 h a 17 h
Granja escuela / Aula de naturaleza

DURANTE LA VISITA LOS NIÑOS:
- ordeñan las vacas
- visitan las colmenas
- recogen los huevos
- dan de comer a los animales
- montan a caballo

12 € por persona

Los granjeros Violeta y Genaro te invitan a merendar los productos de la granja: miel, queso y leche.

No te olvides la cámara para sacar fotos de los animales.

Información y reservas:
martesenlagranja@naturaleza.com

1. ¿Cuándo va a visitar Lola la granja?
   día: hora:

2. ¿Con quién va a visitar la granja?

3. ¿Qué van a hacer allí?

4. ¿Qué van a comer en la granja?

10 A. Completa la tabla con tus gustos.

	👍 Me gusta para desayunar	👍 Me gusta para comer	👍 Me gusta para merendar	👍 Me gusta para cenar	👎 No me gusta
🍶	✓		✓		
🥚					
🧀					
🍌					
🥛					

B. Escribe los resultados de la tabla.

Me gusta la leche para desayunar y para merendar.

UNIDAD 5

11 ¿Dónde viven los animales? Mira y completa.

la colmena

12 ¿Cómo se llaman las crías de los animales? Mira y completa.

1. El  cabrito es la cría de la cabra.

2. Los  _____ son las crías de los patos.

3. El  _____ es la cría del caballo.

4. El  _____ es la cría de la vaca.

5. Los  _____ son las crías de las gallinas.

6. El  _____ es la cría de la oveja.

13 Escucha, repite y representa con la mano b (be) o v (uve).

ba–va, be–ve… ¿b o v? ¡Tienen el mismo sonido!

cuarenta y nueve 49

UNIDAD 5

14 Recorta, escucha la canción y pega cada animal en su sitio.

Vamos a cantar y todos a bailar.
La cumbia de la granja está por empezar.

Primero la .... vestida de lana,

toca las maracas, bala que bala.

Después la ...., doña Blanquita.

viene solita y no dice ni muuu.

El .... Tito trae a los ....

y un pío–pío cantan los ....

¿Tú quieres bailar?
Dame la mano
¡y vamos a empezar!

15 Lee, elige cuatro elementos y dibuja un paisaje.
Después, preséntaselo a tus compañeros.

Mira los cuadros de la página 65 del Libro del alumno. Elige un paisaje de campo o de ciudad y dibuja tu cuadro.

○ vacas   ○ patos   ○ perros   ○ gallinas   ○ personas

○ un cine   ○ tiendas   ○ casas   ○ pisos   ○ frutas

○ árboles   ○ coches   ○ un estanque   ○ un semáforo

UNIDAD 6
Vacaciones en México

1 Escribe las palabras.

2 Escribe un o una y relaciona.

1. _un_ barco
2. _____ moto
3. _____ autobús
4. _____ coche
5. _____ avión
6. _____ tren
7. _____ globo
8. _____ bicicleta
9. _____ helicóptero

UNIDAD 6

3 Marca ✓ qué transporte no es correcto en la serie y escribe por qué en tu cuaderno.

1. [tren] [autobús] [bicicleta] [barco ✓]

2. [avión] [coche] [globo] [helicóptero] — *El barco porque va por el mar.*

3. [moto] [avión] [coche] [bicicleta]

4 Recorta los transportes y crea series nuevas (con un transporte incorrecto). Después, juega con tus compañeros.

[moto] [autobús ✓] [bicicleta] — *¡Es el autobús porque tiene 4 ruedas!*

5 Escucha y marca verdadero (V) o falso (F).

	V	F
1. A Lola le gusta mucho viajar en tren.		
2. A Chavela no le gusta ir en camión.		
3. A Sara no le gusta viajar en avión.		
4. A Leo le gusta montar en bicicleta.		
5. A Lupe le gusta mucho viajar en barco.		

52 cincuenta y dos

6 Juega con tus compañeros y compara los transportes con ...más que... y los adjetivos del cuadro naranja. Tira dos dados: uno para la SALIDA 1 y otro para la SALIDA 2.

grande   aburrido/a
pequeño/a   nuevo/a
rápido/a   viejo/a
lento/a   bonito/a
divertido/a   feo/a

REGLAS DEL JUEGO
- Cada jugador tiene dos fichas, una en cada salida.
- Tira el dado dos veces (una por cada ficha) y avanza las casillas correspondientes. Mira las dos imágenes y compara los medios de transporte. Cada frase correcta suma un punto.
- Gana el jugador que antes llegue al otro lado con cada ficha y que haya sumado más puntos.

7 Lee y marca ✓.

	ruedas	motor	alas	vela	vagones
1. El autobús no tiene...			✓	✓	✓
2. Un avión tiene dos...					
3. En tren las personas viajan en...					
4. Los barcos tienen...					
5. Un coche tiene cuatro...					
6. La moto es más rápida que la bici porque tiene un...					

UNIDAD 6

8 Completa las frases con los siguientes elementos.

1. Pepe va de Sevilla a Madrid en autobús.

2. _____ .

3. _____ .

4. _____ .

9 Lee el diálogo y marca qué le gusta hacer a Raúl. Después, pregunta a tu compañero y marca sus respuestas.

Raúl								
Tu compañero								

Leo: Raúl, ¿te puedo hacer unas preguntas?
Raúl: Sí, claro.
Leo: A ver, ¿te gusta montar en bicicleta?
Raúl: Sí, me encanta. A veces monto con mis hermanas y vamos al parque.
Leo: ¿Y patinar?
Raúl: No, no me gusta… Es que no sé patinar.
Leo: ¿Y en el agua? ¿Qué te gusta hacer en el agua?
Raúl: ¡Nadar! Me gusta mucho nadar en la piscina.

Leo: ¿Y hacer surf?
Raúl: Me encanta ir a la playa, pero no me gusta hacer surf. ¡Es muy difícil!
Leo: Vale. ¿Y te gusta hacer escalada?
Raúl: Sí, ¡es muy divertido!
Leo: Bueno. ¿Y bailar? ¿E ir al cine?
Raúl: Pues sí: bailar me encanta e ir al cine también me gusta mucho.
Leo: Pues muy bien, gracias. Ahora le voy a preguntar a Pepa.

UNIDAD 6

10 **A. Lee, mira y escribe.**

Papá, ¿qué vamos a hacer el viernes? — Vamos a ir al acuario.

Leo, ¿qué vas a hacer el domingo?

¿Qué planes tienes en las vacaciones?

Abuela, ¿qué va a hacer mañana Lorenzo en el hotel?

B. ¿Y tú? Escribe en tu cuaderno qué vas a hacer este fin de semana.

11 Recorta, escucha la canción y pega los transportes en su sitio.

En las vacaciones me gusta viajar por tierra, por aire y también por mar.

Voy con mi familia de aquí para allá y con los transportes vamos a jugar.

Yo viajo en _____, bien bien, en _____ también,

a veces en _____, a veces a _____.

Yo voy en _____, en _____ también.

Tengo muchas ganas de pasarlo bien.

cincuenta y cinco 55

UNIDAD 6

12 Lee esta postal y completa.

vamos a visitar   nadamos   jugamos   hace   comemos   vamos a comer

Hola, tía Rosa, primos y abuelo.
¿Cómo estáis?
Nosotros estamos muy contentos porque Lola está aquí de vacaciones.
Aquí _____ mucho calor.
El hotel es muy grande y todos los días _____ en la alberca, _____ a la pelota y _____ helados.
Mañana _____ Veracruz y _____ tacos en una taquería.
Un beso para todos,

Leo

Familia

Martín Sandoval

Calle Sol, 13

41008 Sevilla

España

13 Escribe a tu profesor una postal desde México.

Usa la información de la página 75 del Libro del alumno y crea tu postal con cartulinas y fotos.

56 cincuenta y seis

UNIDAD 6

14 ¿Con b o con v? Escribe las palabras en el grupo correcto.

botas

15 A. Completa este diálogo en el aeropuerto con tu información.

- Buenos días.
- ¿Cómo te llamas?
- ¿Cuántos años tienes?
- ¿De dónde eres?
- ¿Dónde vives?
- ¿A dónde viajas?
- ¿Qué vas a hacer?
- ¡Buen viaje!

B. Representa tu diálogo con un compañero.

- Buenos días.
- Hola, ¡buenos días!

DESAFÍO DE TARJETAS

REGLAS DEL JUEGO

Nivel 1:

- 2 jugadores.
- Se recortan las tarjetas y se organizan en el tablero.
- Por turnos, cada jugador toma una tarjeta y hace la pregunta–desafío a su compañero.
- Si la respuesta es correcta, el jugador que responde marca **1 punto** en su tabla (si no sabe la respuesta, no marca punto).
- Cada jugador tiene que contestar una tarjeta de cada unidad.

JUGADOR 1

Nivel 1: 1, 2, 3, 4, 5, 6

Nivel 2: 1, 2, 3, 4, 5, 6

Total de puntos

Coloca aquí las tarjetas de la unidad 1

1

2

Coloca aquí las tarjetas de la unidad 2

3

Coloca aquí las tarjetas de la unidad 3

REGLAS DEL JUEGO

Nivel 2:

- Cuando se terminen las tarjetas del nivel 1, empieza el nivel 2. Se colocan las tarjetas para continuar el juego.
- Por turnos, cada jugador tira el dado y lee la pregunta-desafío (debe responder el mismo jugador que la lee).
- Si contesta correctamente a la pregunta, gana **3 puntos**.
- Si completa correctamente la canción, gana **2 puntos**.
- Al final, gana el jugador con más puntos. ¡Suerte!

Coloca aquí las tarjetas de la unidad 6

Coloca aquí las tarjetas de la unidad 5

Coloca aquí las tarjetas de la unidad 4

JUGADOR 2

Total de puntos

Nivel 2: 1 2 3 4 5 6

Nivel 1: 1 2 3 4 5 6

cincuenta y nueve 59

GLO-SA-RIO

GLOSARIO

 A, a (a)

 B, b (be)

 C, c (ce)

 D, d (de)

 E, e (e)

 F, f (efe)

 G, g (ge)

 H, h (hache)

 I, i (i)

 J, j (jota)

 K, k (ka)

 L, l (ele)

 M, m (eme)

 N, n (ene)

 Ñ, ñ (eñe)

 O, o (o)

 P, p (pe)

 Q, q (cu)

 R, r (erre)

 S, s (ese)

 T, t (te)

 U, u (u)

 V, v (uve)

 W, w (uve doble)

 X, x (equis)

 Y, y (i griega)

 Z, z (zeta)

UNIDAD 0

GLOSARIO

Mira, lee y escribe las palabras en tu lengua.

 (estar) bien

 escuchar

 la tía

 (estar) regular

 dibujar y colorear

 el tío

 (estar) mal

 la madre/ la mamá

 la prima

 (estar) triste

 el padre/ el papá

 el primo

 (estar) contenta

 la hija

 la casa

 (estar) aburrida

 el hijo

 el piso

 jugar a los videojuegos

 la hermana

 la mascota

 jugar con amigos

 el hermano

 el mapa

 hablar con amigos

 la abuela

 la habitación

 cantar

 el abuelo

 el carro/ el coche

GLOSARIO

UNIDAD 1

Mira, lee y escribe las palabras en tu lengua.

 el cuerpo

 los dedos

 (ser) rubio/a

 la cabeza

 las piernas

 (ser) pelirrojo/a

 la cara

 los pies

 (tener) el pelo corto

 el pelo

 (llevar) coleta

 (tener) el pelo largo

 los ojos

 (llevar) gafas

 (tener) el pelo rizado

 la nariz

 (llevar) barba

 (tener) el pelo liso

 las orejas

 (llevar) bigote

 (tener) los ojos negros

 la boca

 el esqueleto

 (tener) los ojos marrones

 los brazos

 (ser) moreno/a

 (tener) los ojos verdes

 las manos

 (ser) castaño/a

 (tener) los ojos azules

sesenta y tres 63

UNIDAD 2

GLOSARIO

Mira, lee y escribe las palabras en tu lengua.

 la gorra

 los pantalones cortos / los shorts

 hacer calor

 la bufanda

 las gafas de sol

 hacer sol

 el jersey / el suéter

 el gorro

 hacer viento

 los pantalones

 la camisa

 el sol

 las sandalias

 el vestido

 las nubes

 el paraguas

 la falda

 la nieve

 la lluvia

 los guantes

 las botas

 el viento

 el abrigo

 llover

 la primavera

 el verano

 la playera / la camiseta

 nevar

 el otoño

 las zapatillas de deporte / los tenis

hacer frío

 el invierno

GLOSARIO

UNIDAD 3

Mira, lee y escribe las palabras en tu lengua.

 por la mañana

 ir al colegio

 tocar la guitarra

 por la tarde

 hacer los deberes / estudiar

 bailar

 por la noche

 trabajar en grupo

 cantar

 desayunar

 hacer fotos

 leer

 comer/almorzar

 representar / hacer teatro

 hacer deporte

 cenar

 jugar al baloncesto

 el robot

 beber

 jugar a los aros

 el reloj

 preguntar la hora

en punto
menos cinco — y cinco
menos diez — y diez
menos cuarto — y cuarto
menos veinte — y veinte
menos veinticinco — y veinticinco
y media

sesenta y cinco 65

UNIDAD 4

GLOSARIO

Mira, lee y escribe las palabras en tu lengua.

 el edificio

 el paso de cebra

 (estar) detrás de

 el supermercado

 la tienda de dulces

 (estar) delante de

 el parque

 la hamburguesería

 (estar) cerca de

 el restaurante

 la pizzería

 (estar) lejos de

 el hospital

 la matrícula del coche/carro

 (estar) al lado de

 el cine

 la señal de tráfico

 (estar) en

 el centro comercial

 el letrero

 (estar) a la derecha de

 la plaza

 el contenedor

 (estar) a la izquierda de

 la tienda de juguetes

 el semáforo

GLOSARIO

UNIDAD 5

Mira, lee y escribe las palabras en tu lengua.

 la granja

 el pavo

 ordeñar una vaca

 el granjero/ la granjera

 el pato

 dar de comer a los animales

 el campo

 la abeja

 limpiar el establo

 la vaca

 la lana

 visitar las colmenas

 el caballo

 los huevos

 hacer queso

 el burro

 la miel

 montar a caballo

 la cabra

 los cuernos

 la vaca/ el ternero

 la oveja

 el estanque

 el caballo/ el potro

 la gallina

 el gallinero

 la oveja/ el cordero

 el gallo

 recoger los huevos

 la gallina/ los pollitos

UNIDAD 6

GLOSARIO

Mira, lee y escribe las palabras en tu lengua.

 el autobús/ el camión	 ir/montar en bicicleta	 hacer surf
 el avión	 ir a pie	 hacer escalada
 el barco	 ir al acuario	 cantar
 el coche/ el carro	 ir a la playa	 bailar
 el globo	 ir al cine	 tomar el sol
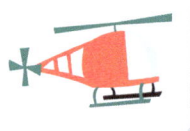 el helicóptero	 hacer una excursión	 el hotel
 la moto	 nadar en la piscina/ la alberca	 el aire
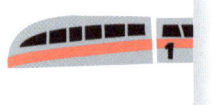 el tren	 hablar por teléfono	 la tierra
 la bici	 montar en monopatín	 el mar
 viajar	patinar	el pasaporte

GLOSARIO

Mira, lee y escribe los números en tu lengua.

0 cero	12 doce	30 treinta
1 uno/a	13 trece	31 treinta y uno/a
2 dos	14 catorce	32 treinta y dos
3 tres	15 quince	40 cuarenta
4 cuatro	16 dieciséis	50 cincuenta
5 cinco	17 diecisiete	60 sesenta
6 seis	18 dieciocho	70 setenta
7 siete	19 diecinueve	80 ochenta
8 ocho	20 veinte	90 noventa
9 nueve	21 veintiuno/a	100 cien
10 diez	22 veintidós	
11 once	23 veintitrés	

sesenta y nueve 69

MI GLOSARIO

Escribe y dibuja las palabras que te gustan y crea tu glosario personalizado.

MI GLOSARIO

Escribe y dibuja las palabras que te gustan y crea tu glosario personalizado.

RE-COR-TA-BLES

72 setenta y dos

6 Recorta y juega con tus compañeros. Después, haz fotos.

UNIDAD 1

setenta y tres 73

UNIDAD 1

12 Lee, completa, recorta y pega los retratos en su lugar.

DOMINÓ DE LOLA Y LEO

…se escribe con i griega (y).	…hace frío.	…empieza con la letra uve (v).	Tiene los ojos…		Leo quiere…
El pie derecho.	Arancha… 	…la hermana de Leo.	Lola juega…	…para hablar.	
…donar una bufanda.	…el pelo rizado.	…son los abuelos de Leo.	El pie izquierdo.	…empieza con la letra zeta (z).	En la cara…
…tenemos ojos, nariz y boca.		…hace calor.	Estas botas…	…la mascota de Leo.	El padre de Leo…
…tengo mucha ropa.	Leo tiene…	…el pelo largo.	Pepe y Lupe llevan…	…al fútbol.	Jaleo es…

(este material continúa en la página siguiente)

DOMINÓ DE LOLA Y LEO

(este material comienza en la página anterior)

| ...es amarilla. | Lola es... | | ...castaño. | Cuando llueve...  | | ...gafas. | En verano...  |

| Leo es... | La familia de Lola vive... | | ...es alta y rubia. | En mi armario... | | ...en Sevilla. | Sara es... |

| ...me queda pequeño. | Teo utiliza las manos... | | ...una niña española. | Una mano...  | | ...tiene 5 dedos. | Utilizamos los ojos... |

UNIDAD 3

5 ¿Qué hace Martín el lunes? Recorta y completa los cuadros.

2 Recorta y juega con tu compañero. ¿Qué falta en la mesa?

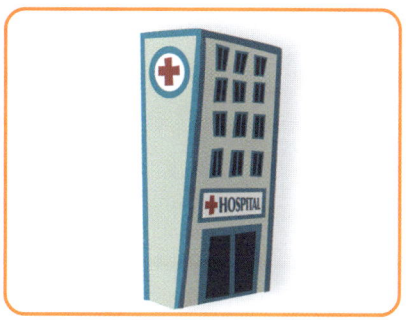
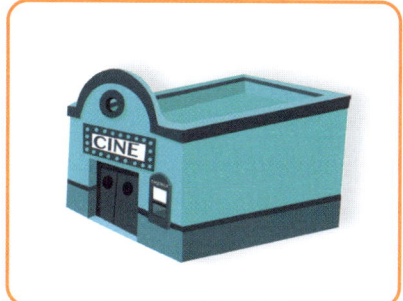

UNIDAD 4

11 Recorta, mira los colores del semáforo y canta la canción.

13 Recorta, lee y pega las imágenes en su lugar, como en el ejemplo.

ochenta y uno 81

EL ROMPECABEZAS DE LOLA Y LEO

(este material continúa en la página siguiente)

(este material comienza en la página anterior)

EL ROMPECABEZAS DE LOLA Y LEO

21	22	23	24

1	5	3	17
Describe a la portera del equipo de Lola.	¿Qué números tienen las camisetas de las jugadoras que llevan coleta?	¿A qué hora es el partido?	¿Cómo es el chico de camiseta verde?

19	2	12	6
¿Dónde están los guantes?	¿Qué tiene Sara en la mano izquierda?	¿Qué prenda hay en la mesa, al lado del ordenador?	¿Qué ropa lleva Carlos? ¿De qué color es?

14	10	18	13
¿Con qué está jugando Jaleo?	Describe a Lupe.	¿Qué tienen los niños en las manos?	¿A qué hora es el teatro de marionetas?

(este material continúa en la página siguiente)

EL ROMPECABEZAS DE LOLA Y LEO

(este material comienza en la página anterior)

8 ¿Qué están haciendo Piñata y el abuelo?

15 ¿Qué está comiendo Pablo?

20 ¿Qué están haciendo estos tres niños?

9 Di 3 cosas que puedes comprar en esta tienda.

4 Adivina: Soy rojo, amarillo y verde. Ayudo a las personas a cruzar la calle.

7 ¿Qué puedo hacer aquí?

11 ¿Dónde está el niño?

16 ¿De qué color son los pasos de cebra?

UNIDAD 5

8 A. Elige un verbo de la lista, escribe sus seis formas en la página 87 y recorta las tarjetas.

yo	_____	tú	_____
él/ella	_____	nosotros/as	_____
vosotros/as	_____	ellos/ellas	_____

ochenta y siete 87

UNIDAD 5

14 Recorta, escucha la canción y pega cada animal en su sitio.

UNIDAD 6

4 Recorta los transportes y crea series nuevas (con un transporte incorrecto). Después, juega con tus compañeros.

(este material continúa en la página siguiente)

ochenta y nueve 89

(este material comienza en la página anterior)

UNIDAD 6

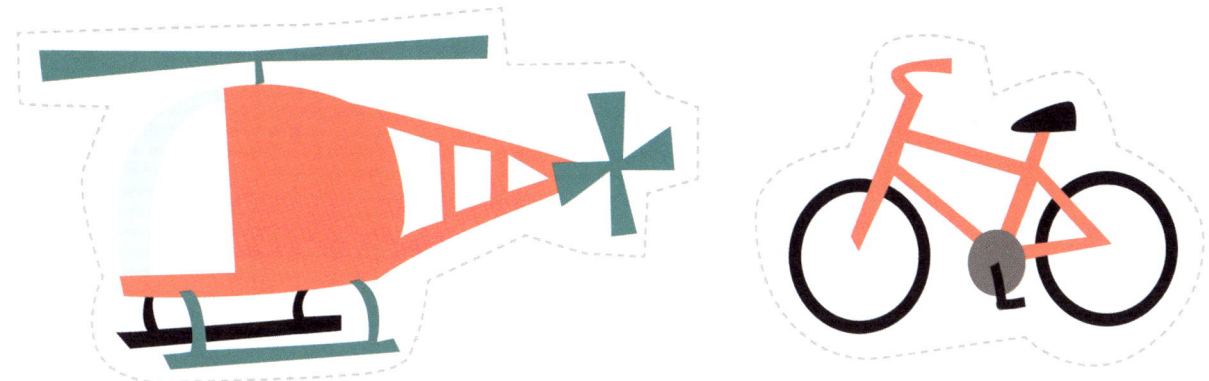
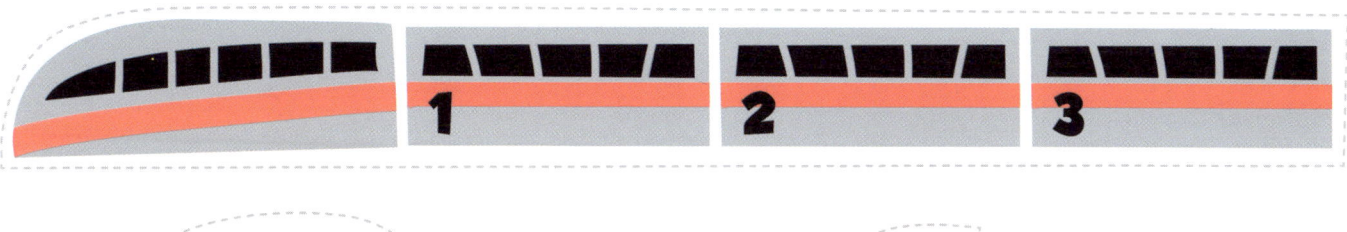
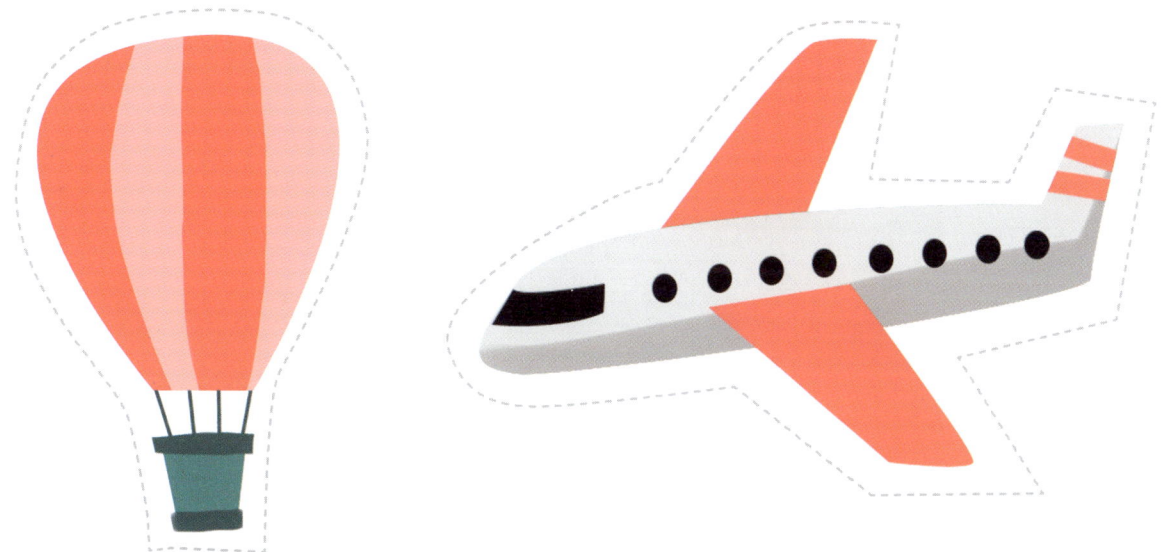

11 Recorta, escucha la canción y pega los transportes en su lugar.

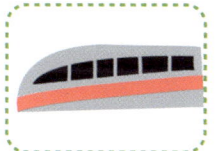    

DESAFÍO DE TARJETAS

Nivel 1 — Unidad 1

Completa: Lola es _____.
Tiene el pelo _____ y _____.
1 punto

Nivel 1 — Unidad 1

Di el nombre de cuatro partes del cuerpo.
1 punto

Nivel 1 — Unidad 2

Mira la ropa: ¿Cómo le queda?
1 punto

Nivel 1 — Unidad 2

¿Qué tiempo hace hoy?
1 punto

Nivel 1 — Unidad 3

Mira el dibujo: ¿Qué está haciendo Lola?
1 punto

Nivel 1 — Unidad 3

Mira el dibujo: ¿A dónde va?
1 punto

Nivel 1 — Unidad 4
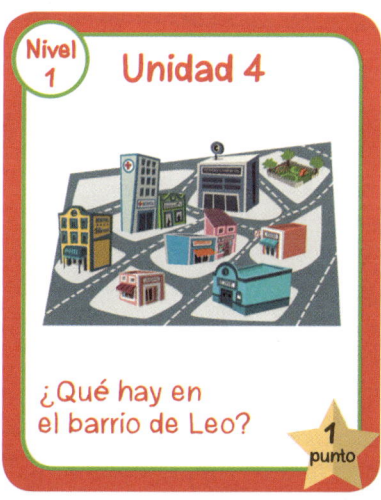
¿Qué hay en el barrio de Leo?
1 punto

Nivel 1 — Unidad 4

Completa: En mi barrio puedo…
1 punto

Nivel 1 — Unidad 5

Mira el dibujo y describe el animal.
1 punto

Nivel 1 — Unidad 5

Di el nombre de 3 animales de la granja y sus productos.
1 punto

Nivel 1 — Unidad 6

Completa: El autobús es más _____ que la moto.
1 punto

Nivel 1 — Unidad 6

¿Cómo viaja Lola de España a México?
1 punto

DESAFÍO DE TARJETAS

Nivel 2 — Unidad 1
¿Cómo es tu compañero? Descríbelo.
3 puntos

Nivel 2 — Unidad 1
Canta una parte de la canción: "Me gusta mi cuerpo".
2 puntos

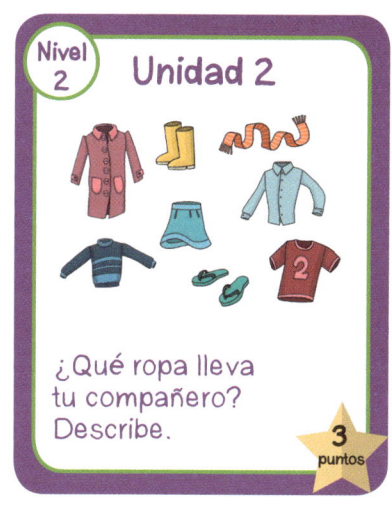

Nivel 2 — Unidad 2
¿Qué ropa lleva tu compañero? Describe.
3 puntos

Nivel 2 — Unidad 2
Canta una parte de la canción: "No sé qué ropa llevar".
2 puntos

Nivel 2 — Unidad 3
¿Qué hora es?
3 puntos

Nivel 2 — Unidad 3
Canta una parte de la canción: "Soy un robot".
2 puntos

Nivel 2 — Unidad 4
¿Qué hay cerca de tu escuela? Descríbelo.
3 puntos

Nivel 2 — Unidad 4
Canta una parte de la canción: "Me gusta pasear".
2 puntos

Nivel 2 — Unidad 5
¿Qué podemos hacer en una granja?
3 puntos

Nivel 2 — Unidad 5
Canta una parte de la canción: "La cumbia de la granja".
2 puntos

Nivel 2 — Unidad 6
Voy a ?
¿Qué planes tienes para esta tarde?
3 puntos

Nivel 2 — Unidad 6
Canta una parte de la canción: "El rock de los transportes".
2 puntos